ATHÉNÉE DE FORCALQUIER
et Félibrige des Alpes.

QUELQUES MOTS
SUR
LE JAPON

PAR

M. NOÉMIS

FORCALQUIER
IMPRIMERIE F. BRUNEAU.
1884

ATHÉNÉE DE FORCALQUIER

et Félibrige des Alpes.

QUELQUES MOTS

SUR

LE JAPON

PAR

M. NOÉMIS

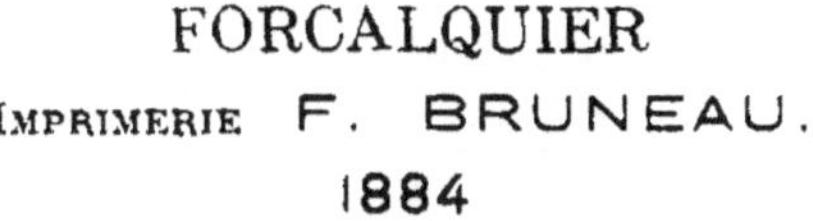

FORCALQUIER

IMPRIMERIE F. BRUNEAU.

1884

QUELQUES MOTS SUR LE JAPON (1)

Yokohama, le 28 février 1884.

MON BIEN CHER ...

. . . .
. . . .

Vous vous attendez, en recevant une lettre de moi, à quelques descriptions plus ou moins intéressantes du pays que j'habite. En effet, à quoi bon recevoir une lettre du Japon, si elle ne contient rien de plus curieux que si elle venait de Marseille ? Et, d'autre part, je suis l'être le plus mal doué pour raconter quoi que ce soit.

(1) Dans la dernière séance de l'Athénée, un mainteneur du Félibrige des Alpes a bien voulu nous donner lecture d'une lettre qu'il venait de recevoir de M. Noémis, notre correspondant au Japon. La variété et la nouveauté des détails ont excité un si vif intérêt, que le Comité des publications n'a pas hésité à en voter l'impression.

Voilà neuf ans que je suis dans ces pays : soit en Chine, soit aux Indes, à Ceylan, au Japon ; aussi, je ne m'étonne plus de rien. La fibre de l'étonnement est si complètement détruite, que je ne me rends aucun compte de ce qui peut avoir quelque intérêt pour les autres. Il faut cependant que je vous dise quelques mots sur le Japon, sous peine de passer à vos yeux pour un niais.

Dans une féerie que je vis jouer, il y a douze ou treize ans, à Marseille, un acteur venait chanter un couplet dans le genre suivant :

> Petit, tout est petit, dans ce joli petit village,
> Petit, tout est petit, dans ce joli petit pays,
> De petites maisons, de petites bergères,
> De petites, etc... etc...

De la poésie de mirliton ; tout le monde peut en faire autant, même moi !

Si je rappelle ces vers, qui donneraient des attaques de nerfs à Apollon, et feraient

Toutefois, nous devons faire observer que, dans la pensée de l'auteur, cette lettre n'était pas destinée à la publicité ; ce qui, d'ailleurs, ressort clairement du ton familier et du caractère d'intimité qui y règnent d'un bout à l'autre.

Nous espérons que notre cher collègue, M. Noémis, nous pardonnera cette indiscrétion toute amicale.

devenir Victor Hugo Impérialiste, c'est que l'auteur y a dépeint le Japon.

De petites maisons, (pas de bergères, par exemple ; cette production est inconnue, et Watteau aurait été fort empêché, s'il était né japonais) de petites montagnes, de petits arbres, de petits hommes, de petites femmes ; tout est petit, en effet. Je suis allé dans les montagnes les plus hautes du Japon; c'est beau, verdoyant, charmant, mais une miniature comparé à la Suisse. Cependant, si le Japon est le pays du petit, il est aussi le pays de la grâce, du bizarre, de l'extraordinaire.

Le gouvernement a acheté, il y a quinze jours, un sapin âgé de 800 ans ; cet arbre a un pied de haut. Ce n'est pas à dire que les arbres soient tous ainsi ; non certes, et j'ai vu dans les montagnes une végétation superbe et beaucoup plus belle que celle de l'Algérie. Il y a même une allée de sapins de 16 kilomètres de longueur, aux abords d'un temple à Niko, dont les arbres, âgés de plusieurs siècles, sont immenses.

On dirait que cette végétation gigantesque effraie le Japonais. En effet, comme il a par-dessus tout l'amour du petit, il a le talent de ramener les arbres géants à la petitesse infinie. En ce moment, et depuis deux mois, nous sommes inondés de poiriers, hauts d'un pied et couverts de fleurs; dans deux mois, ce sera le tour des cerisiers et des pêchers. On a un cerisier sur son guéridon, comme un bouquet en France.

A côté de cela, vous avez le camélia, poussant en pleine terre, et grand comme un arbre. Il est couvert de fleurs en ce moment; en même temps nous avons de la neige. Puis, dans les montagnes, à l'état sauvage, le lys de diverses variétés, dont la fleur mesure, d'une extrémité d'un pétale à l'extrémité du pétale opposé, trente-cinq centimètres. C'est, en un mot, le pays du contraste.

Quand on voit des dessins japonais sur papier, soie ou porcelaine, on est étonné de de l'originalité de l'idée. Il n'y a cependant aucune idée; il n'y a que de la copie. Ces arbres tordus, qui ont l'air d'avoir été brisés, puis recollés dans un mauvais sens, existent ici naturellement. La fleur est à côté de la neige, quand cette même fleur demande en France la serre chaude.

Ici, il ne faut s'étonner de rien. Il n'y a pas

de pays qui déroute le raisonnement comme le Japon. C'est un logogriphe.

La politique, la morale sont, d'ailleurs, à l'unisson.

Rien de ce que vous jugez mal en France n'est mauvais ici. Quoi d'étonnant à cela ? Les mœurs comme les croyances sont essentiellement païennes.

La famille exploite à son profit la prostitution, sans déshonneur pour personne.

Un individu qui a des dettes change de rue et de nom, et votre créance a la valeur du papier au poids.

Un japonais est-il insulté, ou dans une bataille est-il le plus faible ? Il s'exécute en s'ouvrant le ventre.

Le gouvernement a une machine à vapeur avec laquelle il fait le papier-monnaie, qui n'a aucune valeur et ne repose sur aucun encaisse métallique; et le papier a cours forcé. Un commerçant Japonais, qui a refusé d'en accepter en paiement, à Nangasaki, a été mis à mort. Le papier n'a plus été refusé; il a, dès lors, eu cours. Il y a deux ans, il avait une moins-value de 80 0/0 sur les espèces ; il y a un an, la moins-value était de 30 0/0; aujourd'hui, elle est de 15 0/0..... et il n'y a aucune raison pour ces fluctuations. Les vieux résidents sont les plus étonnés ; ils ne savent à quoi s'en tenir.

A côté de ce signe de cupide et barbare autocratie, vous avez la civilisation : des chemins de fer, des arsenaux où l'on construit des canons et des vaisseaux de guerre. On va même établir un railway avec l'argent souscrit par les particuliers.

Ce peuple, qui se prétend civilisé, ferme ses ports aux Européens, et l'on ne peut sortir hors des limites des villes, exceptionnellement ouvertes, sans être muni d'un passe-port. Et, pourtant, il se mêle aux Européens et leur emprunte tout. Encore une fois, c'est le pays de l'extraordinaire.

Une chose remarquable entre toutes au Japon, c'est l'art dans toutes les branches de l'industrie : poteries, porcelaines, métaux, peinture, sculpture, toujours avec un cachet spécial.

J'ai vu des porcelaines superbes. Rien de ce qu'on fait à Sèvres ne peut leur être comparé. Il y a une grâce dans le dessin, une vivacité dans les couleurs, un fini dans les détails, qui ne peuvent se voir ailleurs.

Les bronzes anciens et nouveaux sont des merveilles ; les ivoires, des chefs-d'œuvre. On m'a montré des paravents avec incrustations d'ivoire et de nacre : encore des merveilles. Aussi se vendaient-ils quinze et vingt mille francs.

L'art est dans tout. Le costume, surtout celui de la femme, est la grâce même ; sa coiffure, un bijou. Jusqu'à quatorze ans, elle a, derrière la tête, une ganse de cheveux entremêlés de couleurs rouges. De quatorze ans jusqu'à vingt-cinq ans, sa chevelure est en éventail ou en papillon. C'est d'un gracieux qu'il faut voir pour s'en rendre compte.

Les jouets sont originaux. Votre vulgaire cerf-volant prend ici des tournures de papillon, d'aigle, d'épervier, de chat-huant, de grosse figure joufflue, etc... etc...

Chaque mois a son jouet. En janvier, c'est la raquette ; en février, le cerf-volant ; en mars, les poupons ; en avril, les poissons en papier. La grandeur de ces poissons varie suivant l'âge des enfants, dont ils servent à commémorer la naissance. Il en est dont la dimension atteint jusqu'à huit ou dix mètres de longueur. On les suspend à des mâts improvisés sur chaque maison. Le moindre vent qui souffle, entrant par la bouche et venant sortir par la queue, fait flotter et frétiller dans l'air, au-dessus de la ville, ces milliers d'animaux verts, bleus, gris, rouges, noirs, jaunes..... c'est d'un effet fantastique.

D'ailleurs, autant de poissons en l'air que d'enfants à la maison : c'est une vraie mer aérienne.

Les hommes, les femmes, les jeunes filles, les enfants, jouent à tous les jeux dans la rue, etchacun y prend un plaisir inouï.

Peuple doux, d'ailleurs, aimant à ne rien faire, et à faire la petite fête dès qu'il en a les moyens.

Jamais une rixe, pas même une discussion. S'ils se rencontrent dans la rue, ils se saluent profondément, trois ou quatre fois, avant de s'aborder, ne se disant jamais une parole désagréable.

Quand vous avez à vous plaindre vivement d'un domestique, d'un coolie, et que vous priez votre interprête de lui dire qu'il est un *imbécile*, celui-ci lui dit : « Le maitre dit que vous n'avez « pas bien compris ce qu'il fallait faire, et qu'il « pense que si vous aviez fait comme ceci, au

« lieu de faire comme cela, ça aurait peut-être « mieux valu. »

Il faudrait envoyer les Bellevillois ici pour leur apprendre la politesse. Et cette politesse s'étend à tout le monde, depuis le noble jusqu'au coolie, au portefaix.

Quand ils se rendent des visites, ils se mettent d'abord sur les genoux et se prosternent trois fois en se disant des phrases réglementaires : « Bonjour..... il fait beau temps..... » (ne demandant pas des nouvelles de la santé). Puis, ils se quittent avec les mêmes formes, en se disant : « Je suis heureux de vous avoir « vu ; revenez souvent me voir, » etc., etc.

Ils sont dépourvus de sentiments religieux, ce qui ne les empêche pas d'aller aux temples à certaines époques; pleins de superstitions, croyant aux sorciers, aux revenants, aux maisons hantées. Toute maison est hantée, dans laquelle meurt quelqu'un ; elle devient dangereuse à habiter. Pour la déhanter, il faut que deux autres personnes y meurent ; après cela, elle est *bonne*.

Il y a un dieu qui guérit le mal aux yeux ; un autre, le mal aux dents ; un autre, le mal aux oreilles, etc., etc.

Les Japonais font leurs dévotions, comme nous allons payer nos impositions: c'est une chose due.

Leurs statues, leurs images de dieux, sont, d'ailleurs, des objets de commerce. Si vous avez envie d'acheter un petit dieu, ils vous le vendent sans scrupule, et en fabriquent un autre auquel ils attribuent les mêmes vertus.

On les croirait doués d'une certaine probité, car ils volent peu; et, avant l'arrivée des Européens, quand ils n'avaient pas les vices que nous leur avons apportés, ils volaient si peu, que le vol d'un ichibout (soit 2 fr. 50) était puni de mort. D'un autre côté, ils n'ont aucune franchise en affaires et ne tiennent jamais leurs engagements, quand ce n'est pas leur avantage.

Très propres, allant tous les jours au bain dans des piscines d'eau très chaude, où tous, pêle-mêle, vont barboter ensemble.

Mêlez tout cela, et vous aurez un peuple gracieux, peu honnête, doux, poli, superstitieux, intelligent, mauvais commerçant, artiste, et avec lequel, en somme, les rapports sont agréables.

Comme domestiques, il n'y en a pas d'aussi

polis et d'aussi dociles. Ajoutez à cela une langue facile à apprendre, que nous sommes obligés de connaître un peu, et difficile, pour ne pas dire impossible à écrire.

Dans quelques jours, je vous enverrai quelques photographies du pays. Elles pourront donner une idée des paysages dont nous jouissons ici.

Mais, pour moi, qui n'aime pas à écrire, en voilà bien long, trop long, car je dois vous ennuyer. Je vous quitte donc, mon bien cher ***, en vous embrassant.

Votre dévoué,

NOÉMIS.

www.ingramcontent.com/pod-product-compliance
Lightning Source LLC
LaVergne TN
LVHW050519160826
845677LV00003B/1227

* 9 7 8 2 3 2 9 6 3 4 5 6 2 *